The Secret of the Christmas Stockings: Bilingual Spanish-English Christmas Stories for Kids

Pomme Bilingual

Published by Pomme Bilingual, 2024.

THE SECRET OF THE CHRISTMAS STOCKINGS: BILINGUAL SPANISH-ENGLISH CHRISTMAS STORIES FOR KIDS

First edition. November 12, 2024.

Copyright © 2024 Pomme Bilingual.

ISBN: 979-8227620248

Written by Pomme Bilingual.

Table of Contents

El Regalo de la Abuela 1

Grandma's Gift 5

La Noche de los Juguetes Valientes 9

The Night of the Brave Toys 13

Las Travesuras del Duende Feliz 17

The Happy Elf's Mischief........................21

El Árbol de los Deseos 25

The Wish Tree 29

El Regreso del Reno Perdido 33

The Return of the Lost Reindeer 37

La Pastelería de Papá Noel 41

Santa's Bakery..............................45

El Secreto de los Calcetines Navideños 49

The Secret of the Christmas Stockings...................53

El Pequeño Ratón de Navidad 57

The Little Christmas Mouse.......................61

El Regalo de la Abuela

Era la víspera de Navidad, y en casa de la familia Sánchez todo estaba preparado para la gran cena. Las luces del árbol de Navidad parpadeaban, el olor a galletas recién horneadas llenaba la casa, y la familia charlaba alegremente mientras esperaban el momento más esperado: ¡los regalos de la abuela Carmen!

La abuela Carmen era famosa en la familia por sus regalos extravagantes y siempre inesperados. Cada Navidad, sus obsequios eran lo más comentado, porque, aunque parecían extraños a primera vista, siempre resultaban ser un acierto de una manera u otra. Este año, todos se preguntaban qué sorpresas habría preparado.

Finalmente, después de la cena, la abuela se levantó con una gran sonrisa y comenzó a repartir sus regalos. Primero, le entregó uno a su hija, Marta.

—Para ti, querida —dijo la abuela con una sonrisa pícara.

Marta abrió el paquete y se encontró con... ¡un par de guantes de jardinería cubiertos de lentejuelas doradas!

—Mamá, pero... ¡yo no hago jardinería! —exclamó Marta, confundida.

La abuela se rió.

—Exactamente, hija mía. Este es el año en el que debes empezar. Las plantas necesitan tanto amor como los hijos. Además, estos guantes te harán la jardinera más elegante del barrio.

Toda la familia rió, y Marta no pudo evitar sonreír mientras admiraba los guantes relucientes.

Luego, la abuela Carmen se acercó a su nieto mayor, Pablo, y le entregó una caja enorme. Pablo, emocionado, la abrió rápidamente para encontrar... ¡una bicicleta de dos colores brillantes, uno en cada rueda!

—¡Pero abuela! —dijo Pablo, entre risas—. ¡Esta bicicleta parece una obra de arte!

—Exactamente, querido —respondió la abuela—. Para que vayas al colegio con estilo. Quiero que siempre recuerdes que ser diferente es lo que te hace especial.

Pablo sonrió y abrazó a su abuela. Sabía que ese era el tipo de mensaje que la abuela siempre intentaba enseñarles, incluso a través de los regalos más inusuales.

Después, fue el turno de Carlita, la nieta más pequeña, que recibió un peluche peculiar: un elefante con alas de mariposa y sombrero de bufón.

—Abuela... ¿qué es esto? —preguntó Carlita, con los ojos muy abiertos.

—Este es un elefantemariposa, querida. Quiero que recuerdes que, aunque te sientas pequeña, tienes alas para volar alto y hacer cualquier cosa que desees.

Carlita abrazó al peluche con una sonrisa y se sintió más fuerte y especial que nunca.

Finalmente, la abuela Carmen se dirigió a todos.

—Sé que mis regalos son un poco raros, pero cada uno está lleno de amor y de mis mejores deseos para ustedes. La Navidad no es solo un momento para recibir, sino para recordar que todos tenemos algo único que ofrecer.

La familia se quedó en silencio por un momento, emocionada por las palabras de la abuela. Luego, uno a uno, se acercaron a abrazarla, agradecidos por su amor y por la manera en que, año tras año, les recordaba la importancia de la familia y del cariño.

Esa Navidad, los regalos de la abuela no solo trajeron risas y sorpresas, sino que unieron a la familia Sánchez más que nunca, recordándoles el verdadero espíritu de la Navidad: el amor, la generosidad y la alegría de estar juntos.

Grandma's Gift

It was Christmas Eve, and everything was ready for the big dinner at the Sánchez family home. The Christmas tree lights twinkled, the smell of freshly baked cookies filled the house, and the family chatted happily as they waited for the most anticipated moment: Grandma Carmen's gifts!

Grandma Carmen was famous in the family for her extravagant and always unexpected gifts. Every Christmas, her presents were the talk of the family because, although they seemed strange at first glance, they always turned out to be just right in one way or another. This year, everyone wondered what surprises she had prepared.

Finally, after dinner, Grandma stood up with a big smile and began handing out her gifts. First, she gave one to her daughter, Marta.

"For you, dear," said Grandma with a mischievous smile.

Marta opened the package and found... a pair of gardening gloves covered in golden sequins!

"Mom, but... I don't even garden!" Marta exclaimed, confused.

Grandma laughed.

"Exactly, my dear. This is the year you should start. Plants need just as much love as children. Plus, these gloves will make you the most stylish gardener in the neighborhood."

The whole family laughed, and Marta couldn't help but smile as she admired the sparkling gloves.

Next, Grandma Carmen approached her eldest grandson, Pablo, and handed him a huge box. Excitedly, Pablo opened it quickly to find... a bicycle in two bright colors, one on each wheel!

"But Grandma!" Pablo said, laughing. "This bike looks like a work of art!"

"Exactly, dear," Grandma replied. "So you can go to school in style. I want you to always remember that being different is what makes you special."

Pablo smiled and hugged his grandma. He knew that was the kind of message she always tried to teach them, even through the most unusual gifts.

Then it was Carlita's turn, the youngest granddaughter, who received a peculiar stuffed animal: an elephant with butterfly wings and a jester's hat.

"Grandma... what is this?" Carlita asked, her eyes wide with wonder.

"This is an eleflyphant, my dear. I want you to remember that even if you feel small, you have wings to soar high and do anything you wish."

Carlita hugged the stuffed animal with a smile and felt stronger and more special than ever.

Finally, Grandma Carmen addressed everyone.

"I know my gifts are a bit unusual, but each one is filled with love and my best wishes for you. Christmas isn't just a time to receive; it's a time to remember that we all have something unique to offer."

The family fell silent for a moment, moved by Grandma's words. Then, one by one, they came up to hug her, grateful for her love and the way she reminded them, year after year, of the importance of family and affection.

That Christmas, Grandma's gifts didn't just bring laughter and surprises—they brought the Sánchez family closer than ever, reminding them of the true spirit of Christmas: love, generosity, and the joy of being together.

La Noche de los Juguetes Valientes

Era la víspera de Navidad, y la vieja tienda de juguetes de la señora Ramírez estaba más tranquila que nunca. Las luces de la calle apenas llegaban a iluminar el escaparate polvoriento, y dentro de la tienda reinaba el silencio. Allí, en los estantes olvidados y las vitrinas llenas de telarañas, estaban los juguetes que nadie había comprado durante años.

Pero esa noche no era como las demás. Apenas dieron las doce campanadas, algo mágico sucedió: los juguetes cobraron vida.

—¡Es la noche! —susurró Tito, un osito de peluche con una bufanda roja y unos ojos amables, pero llenos de determinación.

Tito era el líder de los juguetes olvidados. Desde hacía años, soñaba con una familia que lo quisiera, con alguien a quien abrazar. Y no era el único. A su alrededor, otros juguetes se despertaban: una muñeca de porcelana con una sonrisa tímida, un soldado de madera con una pierna rota, un carrito oxidado y un unicornio de peluche con una oreja descosida.

—Es nuestra oportunidad —dijo Tito, reuniendo a todos a su alrededor—. Esta noche, encontraremos un hogar para cada uno de nosotros. No tenemos que esperar a que alguien nos compre. ¡Vamos a buscar a alguien que nos necesite!

Los juguetes, llenos de entusiasmo, se lanzaron a la aventura. Con Tito al frente, avanzaron hacia la puerta principal, que, para su sorpresa, estaba entreabierta. Al salir a la calle, se maravillaron con la nieve que caía suavemente y las luces navideñas que brillaban por todas partes.

—¿Por dónde empezamos? —preguntó Lulú, la muñeca de porcelana, mirando alrededor con sus grandes ojos azules.

—Sigamos la luz de la estrella más brillante —dijo Tito, señalando una estrella que brillaba en el cielo—. Esa estrella nos guiará.

Los juguetes avanzaron por las calles cubiertas de nieve, enfrentándose a obstáculos enormes para su pequeño tamaño: charcos helados, ramas caídas, y gatos callejeros curiosos que los miraban con sorpresa. Pero Tito no se detuvo. Su valentía y su deseo de encontrar un hogar los inspiraba a todos.

Después de un largo trayecto, llegaron a una pequeña casa en la que las luces de Navidad brillaban en la ventana. Tito se acercó y miró a través del cristal. Dentro, vio a una niña que miraba el árbol de Navidad con tristeza, como si estuviera esperando algo que nunca llegaría.

—Ella... ella nos necesita —dijo Tito en voz baja.

Sin dudarlo, los juguetes buscaron una forma de entrar. Encontraron una puerta trasera ligeramente abierta y, uno a uno, entraron a la casa en silencio. Con mucho cuidado, se acercaron al árbol de Navidad y se colocaron al pie del mismo.

A la mañana siguiente, la niña se despertó y corrió hacia el salón. Sus ojos se abrieron de par en par al ver a los juguetes bajo el árbol.

—¡Mamá, papá! ¡Miren! ¡Es un milagro de Navidad! —exclamó, abrazando primero a Tito y luego a cada uno de los demás juguetes.

La niña los cuidó con amor, reparó la pierna del soldado, cosió la oreja del unicornio y limpió la cara de Lulú. Cada juguete tenía, finalmente, un hogar donde se sentían queridos y necesitados.

Esa Navidad, Tito y sus amigos encontraron lo que siempre habían soñado: una familia.

The Night of the Brave Toys

It was Christmas Eve, and Mrs. Ramirez's old toy shop was quieter than ever. The streetlights barely reached the dusty display window, and silence filled the shop. There, on the forgotten shelves and in cobweb-filled cases, sat the toys that had gone unsold for years.

But that night was different from all others. As the clock struck twelve, something magical happened: the toys came to life.

"It's the night!" whispered Tito, a teddy bear with a red scarf and kind eyes filled with determination.

Tito was the leader of the forgotten toys. For years, he had dreamed of a family that would love him, of someone to hug. And he wasn't the only one. Around him, other toys were waking up: a porcelain doll with a shy smile, a wooden soldier with a broken leg, a rusty toy car, and a plush unicorn with a torn ear.

"This is our chance," said Tito, gathering everyone around him. "Tonight, we'll find a home for each of us. We don't have to wait for someone to buy us. Let's go and find someone who needs us!"

The toys, full of excitement, set off on their adventure. With Tito leading the way, they headed toward the front door, which, to their surprise, was slightly ajar. As they stepped outside, they marveled at the softly falling snow and the Christmas lights shining everywhere.

"Where do we start?" asked Lulu, the porcelain doll, looking around with her big blue eyes.

"Let's follow the light of the brightest star," Tito said, pointing to a star glowing in the sky. "That star will guide us."

The toys journeyed through the snowy streets, facing enormous obstacles for their small size: icy puddles, fallen branches, and curious stray cats who watched them with surprise. But Tito didn't stop. His courage and his desire to find a home inspired them all.

After a long trek, they arrived at a small house with Christmas lights twinkling in the window. Tito approached and looked through the glass. Inside, he saw a little girl gazing at the Christmas tree sadly, as if waiting for something that would never come.

"She... she needs us," Tito whispered softly.

Without hesitation, the toys searched for a way in. They found a back door slightly open and, one by one, quietly slipped into the house. Carefully, they made their way to the Christmas tree and positioned themselves at its base.

The next morning, the girl woke up and ran to the living room. Her eyes widened as she saw the toys under the tree.

"Mom, Dad! Look! It's a Christmas miracle!" she exclaimed, hugging Tito and then each of the other toys in turn.

The girl cared for them lovingly, mending the soldier's leg, sewing the unicorn's ear, and cleaning Lulu's face. Each toy had finally found a home where they felt loved and needed.

That Christmas, Tito and his friends found what they had always dreamed of: a family.

Las Travesuras del Duende Feliz

En el Polo Norte, en el taller de Santa Claus, todos los duendes estaban trabajando sin descanso. Los regalos debían estar listos a tiempo, y cada duende tenía una tarea específica. Sin embargo, entre ellos, había uno que siempre hacía las cosas de manera... diferente. Su nombre era Pepito, el duende más alegre y travieso de todos.

Pepito no podía evitar hacer reír a los demás mientras trabajaban. Pero a veces, su creatividad se salía un poco de control. Un día, decidió que el taller necesitaba un "toque especial" para Navidad.

—¡Este año, el taller tiene que brillar como nunca! —dijo Pepito, con una sonrisa traviesa.

Primero, comenzó por los regalos. Mientras los otros duendes envolvían cajas de juguetes en papel rojo y verde, Pepito decidió usar un papel de regalo... ¡con dibujos de unicornios y patitos amarillos! No solo eso, sino que ató cada regalo con lazos gigantes y llenos de brillantina que desprendían destellos al mínimo movimiento.

—¡Pepito! —dijo un duende mayor al ver la primera pila de regalos envueltos con los excéntricos diseños—. ¡Esto no es muy tradicional!

Pero Pepito solo se encogió de hombros y rió.

—¡A los niños les encantará! —respondió alegremente—. ¡Un poco de sorpresa nunca hace daño!

Luego, pasó a decorar el taller. En lugar de las típicas guirnaldas verdes, colgó cintas de todos los colores, como si fueran arcoíris cruzando el techo. Además, llenó cada rincón con globos y confeti. Pronto, el taller parecía más una fiesta de cumpleaños que el taller de Navidad.

Los otros duendes estaban confundidos, y algunos murmuraban entre ellos. Pero Pepito no se detenía. Decidió darle un toque final a las herramientas, pintándolas con puntos de colores brillantes. Cada martillo, tijera y pincel ahora tenía su propio estilo único.

—¡Ahora sí que estamos listos para celebrar! —exclamó Pepito, dando una vuelta de alegría.

Al día siguiente, Santa Claus llegó al taller para ver el progreso. Cuando abrió la puerta, sus ojos se abrieron de par en par al ver el colorido espectáculo que había creado Pepito. Los duendes se quedaron en silencio, esperando la reacción de Santa.

Santa miró a su alrededor, y después de unos segundos, empezó a reír con ganas.

—¡Vaya, vaya, Pepito! —dijo Santa, secándose una lágrima de la risa—. Este es el taller más alegre que he visto en mi vida. ¡Has hecho un excelente trabajo!

Los duendes se miraron, sorprendidos pero felices. Aunque al principio no estaban seguros del estilo de Pepito, se dieron cuenta de que su creatividad había traído un espíritu especial al taller. Gracias a él, todos se sentían más animados y emocionados por la Navidad.

Esa noche, cuando terminaron de preparar todos los regalos, Santa les habló a los duendes.

—La Navidad es una época de alegría y magia, y este año, gracias a Pepito, hemos capturado esa magia de una manera especial. ¡A veces, un poco de travesura es justo lo que necesitamos!

Desde entonces, cada Navidad, Pepito fue el encargado de decorar el taller, y sus ideas originales se convirtieron en una tradición en el Polo Norte. Los duendes aprendieron que, aunque cada uno tenía su propia manera de hacer las cosas, todos juntos formaban el equipo perfecto para llevar alegría al mundo en Navidad.

The Happy Elf's Mischief

At the North Pole, in Santa Claus's workshop, all the elves were working tirelessly. The gifts had to be ready on time, and each elf had a specific task. However, among them, there was one who always did things... differently. His name was Pepito, the happiest and most mischievous elf of all.

Pepito couldn't help but make everyone laugh while they worked. But sometimes, his creativity went a little out of control. One day, he decided the workshop needed a "special touch" for Christmas.

"This year, the workshop has to shine like never before!" said Pepito, with a mischievous grin.

First, he started with the gifts. While the other elves were wrapping toy boxes in red and green paper, Pepito decided to use gift wrap... with drawings of unicorns and yellow ducklings! Not only that, but he tied each gift with giant ribbons full of glitter that sparkled with the slightest movement.

"Pepito!" said an older elf when he saw the first pile of gifts wrapped in the eccentric designs. "This isn't very traditional!"

But Pepito just shrugged and laughed.

"The children will love it!" he cheerfully replied. "A little surprise never hurts!"

Next, he moved on to decorating the workshop. Instead of the typical green garlands, he hung ribbons of every color, like rainbows crossing the ceiling. He also filled every corner with balloons and confetti. Soon, the workshop looked more like a birthday party than a Christmas workshop.

The other elves were confused, and some murmured among themselves. But Pepito didn't stop. He decided to add the final touch to the tools by painting them with bright colored dots. Each hammer, pair of scissors, and brush now had its own unique style.

"Now we're really ready to celebrate!" Pepito exclaimed, spinning around with joy.

The next day, Santa Claus arrived at the workshop to see the progress. When he opened the door, his eyes widened at the colorful spectacle Pepito had created. The elves stood in silence, waiting for Santa's reaction.

Santa looked around, and after a few seconds, he started laughing heartily.

"Wow, wow, Pepito!" said Santa, wiping a tear from laughing. "This is the happiest workshop I've ever seen. You've done an excellent job!"

The elves looked at each other, surprised but happy. Although they weren't sure about Pepito's style at first, they realized that his creativity had brought a special spirit to the workshop. Thanks to him, everyone felt more cheerful and excited about Christmas.

That night, when they finished preparing all the gifts, Santa spoke to the elves.

"Christmas is a time for joy and magic, and this year, thanks to Pepito, we've captured that magic in a special way. Sometimes, a little mischief is just what we need!"

From then on, every Christmas, Pepito was in charge of decorating the workshop, and his original ideas became a tradition at the North Pole. The elves learned that although each of them had their own way of doing things, together they formed the perfect team to bring joy to the world at Christmas.

El Árbol de los Deseos

Era una fría tarde de diciembre, y en el pequeño pueblo de Valle Escondido, un grupo de niños se preparaba para las vacaciones de Navidad. Entre ellos estaban Sofía, Mateo, Lucas, y Ana, amigos inseparables que siempre exploraban juntos.

Un día, mientras caminaban por el bosque cercano, se encontraron con algo increíble: un árbol de Navidad majestuoso, cubierto de luces y decorado con adornos brillantes que parecían iluminarse por sí solos.

—¿De dónde ha salido este árbol? —preguntó Ana, asombrada.

—Es como si hubiera aparecido de la nada —añadió Mateo, mientras observaba las ramas cargadas de destellos dorados y plateados.

De repente, un suave murmullo pareció venir del árbol, como si estuviera hablándoles. Una voz misteriosa y tranquila les susurró: "Soy el Árbol de los Deseos. Cada persona que coloca un adorno en mis ramas puede pedir un deseo que será concedido... pero recuerden, los deseos tienen un poder especial y, a veces, traen sorpresas."

Los niños se miraron emocionados y, sin perder tiempo, empezaron a buscar adornos. En el suelo, justo debajo del árbol, encontraron pequeñas esferas con un lazo dorado, perfectas para colgar.

Sofía fue la primera en pedir un deseo. Colocó su adorno en una rama y cerró los ojos.

—Deseo ser más valiente —susurró, recordando todas las veces que había sentido miedo de probar cosas nuevas.

La esfera de Sofía brilló intensamente, y ella sintió una calidez en el corazón. Al día siguiente, al enfrentarse a una situación difícil en la escuela, se sorprendió al ver que el miedo que normalmente sentía se había convertido en confianza. Sofía se dio cuenta de que la valentía estaba dentro de ella, esperando a ser descubierta.

Luego fue el turno de Mateo. Al colocar su adorno en el árbol, deseó tener siempre a alguien con quien jugar, ya que a veces se sentía solo cuando sus amigos estaban ocupados.

Al día siguiente, Mateo encontró un perrito perdido en su jardín, asustado y con frío. Sin dudarlo, lo llevó a casa y lo cuidó. Sus padres le permitieron quedarse con él, y Mateo nunca volvió a sentirse solo. Había encontrado un amigo fiel que lo acompañaría siempre.

Lucas, que amaba los libros y soñaba con aventuras, pidió un deseo de todo corazón.

—Deseo vivir una aventura inolvidable.

Esa misma noche, tuvo un sueño tan vívido que parecía real: en su sueño, era un valiente explorador que viajaba a lugares mágicos, enfrentaba desafíos y ayudaba a quienes lo necesitaban. Al despertar, comprendió que las aventuras no solo ocurren en lugares lejanos, sino también en la imaginación y en los actos de bondad que podemos hacer todos los días.

Finalmente, Ana se acercó al árbol, pensativa. Su deseo no era para ella misma.

—Quiero que todos en el pueblo tengan una Navidad llena de amor y felicidad.

La esfera de Ana brilló como nunca, y esa Navidad en Valle Escondido fue una de las más hermosas que se recuerdan. Las familias se unieron, hubo risas y abrazos por todas partes, y los vecinos se ayudaron mutuamente, compartiendo comidas y regalos. Fue como si una ola de amor y gratitud hubiera tocado a todos en el pueblo.

El Árbol de los Deseos había cumplido cada uno de sus deseos de una manera especial. Los niños aprendieron que los deseos más profundos son aquellos que nos ayudan a crecer, a ser mejores y a traer alegría a los demás. Desde entonces, cada Navidad, el árbol mágico aparece en el bosque, esperando que alguien vuelva a visitarlo, recordándoles que, a veces, el verdadero deseo es simplemente aprender a apreciar lo que ya tenemos.

The Wish Tree

It was a cold December afternoon, and in the small village of Hidden Valley, a group of children was getting ready for their Christmas vacation. Among them were Sofía, Mateo, Lucas, and Ana, inseparable friends who always explored together.

One day, while walking through the nearby forest, they came across something incredible: a majestic Christmas tree, covered in lights and decorated with bright ornaments that seemed to glow on their own.

"Where did this tree come from?" asked Ana, astonished.

"It's as if it appeared out of nowhere," added Mateo, as he gazed at the branches loaded with golden and silver sparkles.

Suddenly, a soft murmur seemed to come from the tree, as if it were speaking to them. A mysterious, calm voice whispered, "I am the Wish Tree. Each person who places an ornament on my branches can make a wish, and it will be granted... but remember, wishes have special power and sometimes bring surprises."

The children looked at each other excitedly, and without wasting time, they began searching for ornaments. On the ground, just beneath the tree, they found small spheres with golden ribbons, perfect for hanging.

Sofía was the first to make a wish. She placed her ornament on a branch and closed her eyes.

"I wish to be braver," she whispered, remembering all the times she had been afraid to try new things.

Sofía's ornament shone brightly, and she felt warmth in her heart. The next day, when faced with a challenging situation at school, she was surprised to find that the fear she usually felt had turned into confidence. Sofía realized that bravery had always been inside her, waiting to be discovered.

Next was Mateo's turn. As he placed his ornament on the tree, he wished to always have someone to play with, since he sometimes felt lonely when his friends were busy.

The next day, Mateo found a lost puppy in his yard, scared and cold. Without hesitation, he took it home and cared for it. His parents allowed him to keep it, and Mateo never felt lonely again. He had found a loyal friend who would always be by his side.

Lucas, who loved books and dreamed of adventures, made a heartfelt wish.

"I wish to have an unforgettable adventure."

That very night, he had a dream so vivid it seemed real: in his dream, he was a brave explorer traveling to magical places, facing challenges, and helping those in need. When he woke up, he understood that adventures don't only happen in faraway places, but also in our imagination and in the acts of kindness we do every day.

Finally, Ana approached the tree, deep in thought. Her wish wasn't for herself.

"I want everyone in the village to have a Christmas full of love and happiness."

Ana's ornament shone like never before, and that Christmas in Hidden Valley became one of the most beautiful ever remembered. Families came together, laughter and hugs were everywhere, and neighbors helped each other, sharing food and gifts. It was as if a wave of love and gratitude had touched everyone in the village.

The Wish Tree had granted each of their wishes in a special way. The children learned that the deepest wishes are those that help us grow, become better, and bring joy to others. From then on, every Christmas, the magical tree appears in the forest, waiting for someone to visit it again, reminding them that sometimes the true wish is simply learning to appreciate what we already have.

El Regreso del Reno Perdido

En una noche fría de diciembre, mientras todos los renos se preparaban para la gran noche de Navidad en el Polo Norte, un reno joven y curioso llamado Nico observaba las luces en el cielo con un suspiro. Desde que era un pequeño renito, soñaba con conocer el mundo más allá del taller de Santa Claus.

—¡Algún día volaré lejos y descubriré todos los lugares mágicos! —se decía a sí mismo.

Una tarde, justo antes de Navidad, Nico decidió emprender su aventura. Mientras los otros renos practicaban para tirar del trineo de Santa, Nico se escabulló sin que nadie lo notara. Corrió a través de bosques nevados, cruzó montañas y valles, maravillado por cada nuevo paisaje que encontraba. Pero, a medida que el sol se escondía y el frío aumentaba, comenzó a sentirse solo y perdido.

—¿Dónde estoy? —se preguntó, temblando al sentir el viento helado—. Quizás... quizás debería haberme quedado en el Polo Norte.

Mientras intentaba encontrar el camino de regreso, Nico vio unas luces cálidas en la distancia. Al acercarse, descubrió una pequeña casa en el bosque, decorada con luces navideñas y adornos. En la puerta, un niño llamado Tomás lo vio y se acercó, sorprendido de ver a un reno tan peculiar.

—¡Hola! —dijo Tomás, sonriendo—. ¿Estás perdido?

Nico, agotado, asintió y bajó la cabeza.

—Sí... me alejé de casa y ahora no sé cómo volver. Yo solo quería ver el mundo, pero no pensé que me sentiría tan solo.

Tomás se arrodilló a su lado y le acarició suavemente.

—No te preocupes, te ayudaré. Nadie debería estar solo en Navidad. Mi familia y yo te daremos un lugar donde quedarte esta noche, y mañana veremos cómo llevarte de vuelta al Polo Norte.

Tomás llevó a Nico al interior de la casa, donde su familia lo acogió con cariño. Le dieron una manta cálida y le ofrecieron un poco de zanahoria y agua. A lo largo de la noche, Tomás le contó historias de su propia vida, y Nico le habló de la magia del Polo Norte y de cómo siempre había querido ser parte de la gran misión de Santa.

A medida que hablaban, Nico comenzó a entender que la verdadera aventura no siempre era la de viajar lejos, sino la de tener amigos y una familia que se preocupen por ti. Se sentía agradecido de haber encontrado a alguien tan amable y generoso como Tomás.

A la mañana siguiente, justo cuando amanecía, se escucharon unos cascabeles en la distancia. Tomás y Nico salieron al porche, y para su sorpresa, ¡allí estaba el trineo de Santa con todos los renos!

Santa Claus, con una gran sonrisa, miró a Nico y le dijo:

—¡Nico! Te hemos estado buscando por todas partes. Nos preocupaba que no llegaras a tiempo para la gran noche. ¿Estás listo para volver a casa?

Nico miró a Tomás con gratitud y luego asintió emocionado.

—Sí, Santa. He aprendido que no hay lugar como el hogar y que mis amigos y mi familia son la mayor aventura que podría tener.

Antes de irse, Nico se acercó a Tomás y frotó su nariz contra la mejilla del niño, en señal de agradecimiento.

—Gracias por ayudarme, Tomás. Nunca olvidaré lo que has hecho por mí.

Tomás sonrió y le dio una palmadita en la cabeza.

—Ve a salvar la Navidad, Nico.

Nico se unió al equipo de renos en el trineo de Santa, justo a tiempo para llevar los regalos a todos los niños del mundo. Mientras volaba entre las estrellas, pensó en Tomás y en la bondad de su familia, y supo que, aunque el mundo estaba lleno de maravillas, su verdadero lugar siempre estaría en el Polo Norte, con aquellos a quienes amaba.

Y así, el pequeño reno que una vez se perdió regresó, sabiendo que la verdadera magia de la Navidad estaba en el amor, la amistad, y en tener siempre un hogar al que regresar.

The Return of the Lost Reindeer

On a cold December night, while all the reindeer were preparing for the big Christmas Eve at the North Pole, a young and curious reindeer named Nico gazed at the lights in the sky with a sigh. Since he was a little fawn, he had dreamed of seeing the world beyond Santa Claus' workshop.

"One day, I will fly far and discover all the magical places!" he told himself.

One afternoon, just before Christmas, Nico decided to start his adventure. While the other reindeer practiced pulling Santa's sleigh, Nico slipped away unnoticed. He ran through snow-covered forests, crossed mountains and valleys, amazed by each new landscape he encountered. But as the sun began to set and the cold increased, he started to feel lonely and lost.

"Where am I?" he wondered, shivering from the cold wind. "Maybe... maybe I should have stayed at the North Pole."

As he tried to find his way back, Nico saw warm lights in the distance. As he got closer, he discovered a small house in the forest, decorated with Christmas lights and ornaments. At the door, a boy named Tomás saw him and approached, surprised to see such a peculiar reindeer.

"Hello!" said Tomás, smiling. "Are you lost?"

Exhausted, Nico nodded and lowered his head.

"Yes... I wandered away from home, and now I don't know how to get back. I just wanted to see the world, but I didn't think I'd feel so alone."

Tomás knelt beside him and gently petted him.

"Don't worry, I'll help you. No one should be alone at Christmas. My family and I will give you a place to stay tonight, and tomorrow we'll figure out how to get you back to the North Pole."

Tomás took Nico inside the house, where his family warmly welcomed him. They gave him a cozy blanket and offered some carrots and water. Throughout the night, Tomás shared stories about his life, and Nico told him about the magic of the North Pole and how he had always dreamed of being part of Santa's big mission.

As they talked, Nico began to understand that the true adventure wasn't always about traveling far, but about having friends and a family who cared for you. He felt grateful to have found someone as kind and generous as Tomás.

The next morning, just as the sun was rising, the sound of bells rang in the distance. Tomás and Nico went out onto the porch, and to their surprise, there was Santa's sleigh with all the reindeer!

Santa Claus, with a big smile, looked at Nico and said:

"Nico! We've been looking for you everywhere. We were worried you wouldn't make it in time for the big night. Are you ready to go home?"

Nico looked at Tomás with gratitude and then nodded excitedly.

"Yes, Santa. I've learned that there's no place like home, and that my friends and family are the greatest adventure I could ever have."

Before leaving, Nico approached Tomás and rubbed his nose against the boy's cheek as a sign of thanks.

"Thank you for helping me, Tomás. I will never forget what you've done for me."

Tomás smiled and gave him a pat on the head.

"Go save Christmas, Nico."

Nico joined the team of reindeer on Santa's sleigh, just in time to deliver presents to all the children around the world. As he flew among the stars, he thought of Tomás and the kindness of his family, and he knew that while the world was full of wonders, his true place would always be at the North Pole, with those he loved.

And so, the little reindeer who had once gotten lost returned, knowing that the true magic of Christmas was in love, friendship, and always having a home to return to.

La Pastelería de Papá Noel

En el rincón más secreto del Polo Norte, había un lugar que pocos conocían: La Pastelería de Papá Noel. En esta mágica cocina, Papá Noel no solo se encargaba de los juguetes, sino que también horneaba las más deliciosas galletas, pasteles y dulces navideños. Cada año, creaba un nuevo postre especial para la Nochebuena, y los elfos lo ayudaban a repartirlo por el mundo junto con los regalos.

Este año, Papá Noel había ideado una receta nueva y secreta: Las Galletas de Nieve Brillante. Eran galletas tan especiales que se iluminaban en la oscuridad y dejaban un rastro de brillo cada vez que alguien las mordía. Pero, justo cuando Papá Noel estaba mezclando los ingredientes en su tazón dorado, ¡algo salió mal! La masa comenzó a burbujear, a cambiar de color y, de repente, ¡explotó en una nube de polvo brillante que cubrió toda la pastelería!

Papá Noel tosió y miró a su alrededor, confundido.

—Oh, oh... Creo que he puesto demasiado polvo de estrella —dijo, rascándose la cabeza.

Los elfos, que siempre estaban cerca para ayudar, entraron corriendo a la pastelería y vieron el desastre. Había masa pegajosa y polvo de estrella por todas partes. ¡La receta secreta se había arruinado, y no había tiempo para hacerla de nuevo antes de Navidad!

—¡No podemos dejar que Papá Noel se quede sin sus galletas especiales para esta Navidad! —exclamó Pip, un elfo pequeño y valiente.

—¡Tenemos que hacer algo! —añadió Trixie, una elfa conocida por su creatividad.

Entonces, todos los elfos se reunieron alrededor del tazón dorado y comenzaron a pensar en cómo podrían salvar las galletas de Navidad. Juntos decidieron probar algo diferente: cada elfo añadiría un toque especial a la receta, creando algo único.

Pip sugirió agregar una pizca de polvo de arcoíris, que guardaba en un frasco diminuto para ocasiones especiales. Trixie propuso incluir un chorrito de esencia de felicidad, que daba a las galletas un sabor alegre y brillante. Los demás elfos trajeron ingredientes mágicos: escarcha dulce, pedacitos de chispas doradas, y una gota de caramelo de aurora boreal.

Con todos los ingredientes nuevos en el tazón, los elfos comenzaron a mezclar y amasar. Cada uno aportó algo diferente y puso mucho amor en la mezcla. Finalmente, formaron las galletas y las metieron al horno. Todos esperaron ansiosos mientras el delicioso aroma llenaba la pastelería.

Cuando el horno sonó, Papá Noel abrió la puerta y sacó las galletas. Estaban perfectas: doradas, brillantes, y desprendían una luz suave y mágica. Los elfos saltaron de alegría, aplaudiendo y celebrando. Habían salvado la Navidad con su creatividad y trabajo en equipo.

Esa noche, Papá Noel repartió las galletas junto con los regalos. Cada niño que probó una de las Galletas de Nieve Brillante sentía una chispa de felicidad y magia navideña, gracias al esfuerzo y la colaboración de todos los elfos.

Así, los elfos aprendieron que, cuando se trabaja en equipo y se usa la creatividad, se pueden superar cualquier obstáculo. Y desde entonces, La Pastelería de Papá Noel se convirtió en un lugar donde todos los elfos aportaban sus ideas, creando dulces mágicos que llenaban el mundo de alegría cada Navidad.

Santa's Bakery

In the most secret corner of the North Pole, there was a place known by only a few: Santa's Bakery. In this magical kitchen, Santa Claus didn't just take care of the toys; he also baked the most delicious cookies, cakes, and Christmas treats. Every year, he created a new special dessert for Christmas Eve, and the elves helped deliver it along with the presents.

This year, Santa had come up with a new and secret recipe: Glowing Snow Cookies. They were so special that they glowed in the dark and left a trail of sparkles every time someone took a bite. But just as Santa was mixing the ingredients in his golden bowl, something went wrong! The dough began to bubble, change color, and suddenly, it exploded into a cloud of sparkling dust that covered the entire bakery!

Santa coughed and looked around, confused.

"Oh, oh... I think I put too much star dust," he said, scratching his head.

The elves, who were always nearby to help, rushed into the bakery and saw the disaster. There was sticky dough and star dust everywhere. The secret recipe was ruined, and there was no time to make it again before Christmas!

"We can't let Santa be without his special cookies this Christmas!" exclaimed Pip, a small and brave elf.

"We have to do something!" added Trixie, an elf known for her creativity.

Then, all the elves gathered around the golden bowl and began to think about how they could save the Christmas cookies. Together, they decided to try something different: each elf would add a special touch to the recipe, creating something unique.

Pip suggested adding a pinch of rainbow dust, which he kept in a tiny jar for special occasions. Trixie proposed including a dash of happiness essence, which gave the cookies a joyful and bright flavor. The other elves brought magical ingredients: sweet glitter, tiny pieces of golden chips, and a drop of northern lights caramel.

With all the new ingredients in the bowl, the elves began to mix and knead. Each one added something different and put a lot of love into the dough. Finally, they shaped the cookies and put them into the oven. Everyone waited eagerly as the delicious aroma filled the bakery.

When the oven dinged, Santa opened the door and took out the cookies. They were perfect: golden, glowing, and emitting a soft, magical light. The elves jumped for joy, clapping and celebrating. They had saved Christmas with their creativity and teamwork.

That night, Santa delivered the cookies along with the presents. Every child who tasted one of the Glowing Snow Cookies felt a spark of happiness and Christmas magic, thanks to the effort and collaboration of all the elves.

And so, the elves learned that when you work together and use creativity, you can overcome any obstacle. From then on, Santa's Bakery became a place where all the elves contributed their ideas, creating magical sweets that filled the world with joy every Christmas.

El Secreto de los Calcetines Navideños

Cada Navidad, los niños de Villa Esperanza encontraban algo especial en sus calcetines navideños: objetos mágicos que los hacían sentir como si la Navidad nunca terminara. Algunos encontraban una brújula que siempre señalaba hacia el lugar más divertido, otros encontraban un lápiz que dibujaba solo lo que imaginaban, y algunos incluso descubrían un pequeño reloj que les daba un minuto extra para cualquier juego que estuvieran jugando. Pero lo curioso de estos regalos era que solo funcionaban hasta la víspera de Año Nuevo. Después de esa noche, los objetos perdían su magia y volvían a ser cosas normales.

Este año, un grupo de amigos muy curiosos decidió resolver el misterio de los calcetines navideños. Estaban convencidos de que había algo o alguien detrás de esos regalos mágicos. El grupo estaba formado por Lucas, que era conocido por sus ideas disparatadas; Emma, que siempre tenía una linterna en el bolsillo por si acaso; Sofía, que nunca se asustaba de nada; y Martín, el cerebro del grupo, que amaba resolver enigmas.

—¡Este año descubriremos quién nos deja estos regalos mágicos! —declaró Lucas, agitando una lupa que había encontrado en su propio calcetín del año anterior.

En la víspera de Navidad, el grupo decidió quedarse despierto toda la noche en la casa de Lucas. Su plan era esperar hasta que alguien, o algo, apareciera para llenar los calcetines mágicos. Se escondieron detrás del sofá, con bocadillos y un termo de chocolate caliente, listos para la larga noche.

Justo cuando el reloj marcó la medianoche y los niños comenzaban a quedarse dormidos, oyeron un suave tintineo, como de campanillas. Los ojos de todos se abrieron de par en par y miraron hacia la chimenea, donde colgaban los calcetines. En medio de la penumbra, vieron una sombra pequeña y rechoncha, con un sombrero de lana roja y un abrigo cubierto de copos de nieve.

—¿Es... Papá Noel? —susurró Sofía.

—No, es demasiado pequeño —dijo Emma, acercando su linterna sin encenderla todavía.

La figura comenzó a sacar pequeños objetos de una bolsa mágica, poniéndolos cuidadosamente en cada calcetín. Martín se inclinó hacia adelante, tratando de ver mejor, y accidentalmente chocó con un adorno que cayó al suelo con un ¡plin!.

La pequeña figura se dio vuelta, sorprendida, y los niños vieron su rostro. ¡Era un gnomo de Navidad! Tenía una barba larga y blanca, y ojos brillantes que parecían llenos de travesura.

—¡Oh, cielos! ¡Han descubierto el secreto! —dijo el gnomo en voz baja, llevándose una mano a la boca.

—¿Eres tú quien nos deja los regalos mágicos? —preguntó Lucas, lleno de emoción.

El gnomo asintió con una sonrisa traviesa.

—Sí, soy yo, Gnomi, el gnomo de los regalos mágicos. Cada Navidad, me encargo de traer objetos especiales a los niños de Villa Esperanza, para que puedan disfrutar de un poco de magia hasta el Año Nuevo.

—¿Y por qué solo hasta el Año Nuevo? —preguntó Emma, curiosa.

—Porque la magia de la Navidad es especial y no puede durar todo el año. Solo podemos repartir un poco de esa magia durante unos días, para que cada Navidad se sienta única y especial —explicó Gnomi.

—¡Entonces, eres como un ayudante secreto de Papá Noel! —exclamó Martín.

Gnomi asintió, riendo suavemente.

—Algo así. Me ocupo de los pequeños detalles, de las sorpresas que hacen sonreír a los niños y mantienen el espíritu navideño vivo. Pero ahora que me han descubierto, deberán guardar el secreto. Si todos supieran de mi existencia, la magia podría desaparecer.

Los niños prometieron no contarle a nadie. Gnomi, agradecido, sacó de su bolsa un último regalo para cada uno: un pequeño cascabel dorado que sonaba suavemente cada vez que pensaban en algo alegre.

—Este cascabel no perderá su magia, porque estará ligado a sus propios recuerdos felices. Así, siempre tendrán un pedacito de la magia de Navidad con ustedes —dijo Gnomi antes de desaparecer en un destello de luces plateadas.

A la mañana siguiente, los niños despertaron emocionados y encontraron los objetos mágicos en sus calcetines, tal como cada año. Y aunque disfrutaron de la magia navideña, esta vez sentían que tenían un nuevo secreto compartido, uno que los unía aún más y que hacía la Navidad todavía más especial.

Desde aquel día, cada vez que alguien en Villa Esperanza escuchaba un tintineo en la noche, sonreía pensando que, en algún lugar, Gnomi, el gnomo de los calcetines navideños, seguía esparciendo su magia en secreto.

The Secret of the Christmas Stockings

Every Christmas, the children of Villa Esperanza found something special in their Christmas stockings: magical objects that made them feel as if Christmas would never end. Some found a compass that always pointed to the most fun place, others discovered a pencil that drew only what they imagined, and some even found a tiny clock that gave them an extra minute for any game they were playing. But the curious thing about these gifts was that they only worked until New Year's Eve. After that night, the objects lost their magic and became ordinary things again.

This year, a group of very curious friends decided to solve the mystery of the Christmas stockings. They were convinced that there was something, or someone, behind these magical gifts. The group consisted of Lucas, known for his wild ideas; Emma, who always had a flashlight in her pocket just in case; Sofía, who was never afraid of anything; and Martín, the brain of the group, who loved solving puzzles.

"This year, we will discover who leaves us these magical gifts!" declared Lucas, waving a magnifying glass he had found in his own stocking from the previous year.

On Christmas Eve, the group decided to stay up all night at Lucas's house. Their plan was to wait until someone, or something, appeared to fill the magical stockings. They hid behind the sofa, with snacks and a thermos of hot chocolate, ready for the long night ahead.

Just when the clock struck midnight and the children started to fall asleep, they heard a soft jingling sound, like tiny bells. Their eyes flew open, and they looked toward the fireplace, where the stockings hung. In the dim light, they saw a small, plump figure, wearing a red woolen hat and a coat covered in snowflakes.

"Is... is it Santa Claus?" whispered Sofía.

"No, it's too small," said Emma, bringing her flashlight closer, though she didn't turn it on yet.

The figure began pulling small objects out of a magical bag, placing them carefully in each stocking. Martín leaned forward, trying to get a better look, and accidentally bumped into an ornament that fell to the floor with a plink.

The little figure turned around, surprised, and the children saw its face. It was a Christmas gnome! It had a long white beard and bright eyes that seemed full of mischief.

"Oh dear! You've discovered the secret!" said the gnome in a soft voice, putting a finger to his lips.

"Are you the one who leaves us the magical gifts?" asked Lucas, full of excitement.

The gnome nodded with a mischievous smile.

"Yes, it's me, Gnomi, the gnome of the magical gifts. Every Christmas, I bring special items to the children of Villa Esperanza so they can enjoy a bit of magic until New Year's Eve."

"And why only until New Year's Eve?" asked Emma, curious.

"Because the magic of Christmas is special and cannot last all year. We can only share a little bit of that magic for a few days, so every Christmas feels unique and special," explained Gnomi.

"So, you're like a secret helper of Santa Claus!" exclaimed Martín.

Gnomi nodded, laughing softly.

"Kind of. I take care of the little details, the surprises that make children smile and keep the Christmas spirit alive. But now that you've discovered me, you must keep the secret. If everyone knew of my existence, the magic might disappear."

The children promised not to tell anyone. Grateful, Gnomi pulled out one last gift for each of them: a small golden bell that rang softly every time they thought of something happy.

"This bell will not lose its magic because it will be tied to your own happy memories. That way, you'll always carry a piece of Christmas magic with you," said Gnomi before disappearing in a flash of silver light.

The next morning, the children woke up excited and found the magical objects in their stockings, just like every year. And although they enjoyed the Christmas magic, this time they felt they shared a new secret, one that brought them even closer and made Christmas even more special.

From that day on, whenever someone in Villa Esperanza heard a jingling sound in the night, they smiled, thinking that somewhere, Gnomi, the gnome of the Christmas stockings, was still spreading his magic in secret.

El Pequeño Ratón de Navidad

En una gran ciudad, llena de luces y sonidos, vivía un ratoncito llamado Milo. Milo era un ratón muy pequeño, con ojos brillantes y una colita que siempre temblaba de emoción. Durante todo el año, Milo se escondía en las esquinas y buscaba comida en los rincones, soñando con un hogar cálido y acogedor. Pero en Navidad, su deseo se hacía aún más fuerte.

La ciudad estaba decorada con luces, y los escaparates de las tiendas brillaban con adornos navideños. Desde las ventanas de las casas, Milo podía ver las familias reunidas, riendo y compartiendo la cena de Nochebuena. En esos momentos, su pequeño corazón sentía un anhelo profundo de pertenecer a un lugar.

En la fría noche de Navidad, mientras se deslizaba por las sombras de una calle, Milo notó una luz cálida que salía de una casita en la esquina. Al asomarse, vio a una niña pequeña, de cabello rizado y sonrisa dulce, decorando un árbol junto a su familia. Milo no pudo evitar acercarse un poco más, embelesado por la escena.

La niña, que se llamaba Clara, notó a Milo asomándose tímidamente por la ventana y le sonrió.

—¡Mira, mamá, un ratoncito nos visita! —exclamó Clara.

La madre de Clara se acercó y sonrió con ternura.

—Debe tener frío y hambre —dijo suavemente—. ¿Qué te parece si le preparamos algo de comida?

Clara asintió emocionada, y juntos prepararon un pequeño platito con trozos de queso, pan y una migaja de galleta. Luego, abrieron la puerta y dejaron el plato en el umbral, llamando a Milo con voz dulce.

—Ratoncito, puedes venir. No te haremos daño —le dijo Clara.

Con cuidado, y sin poder creer su suerte, Milo se acercó y probó la comida. El sabor era delicioso, pero más que eso, se sentía acogido y querido. Clara se arrodilló a su lado, mirándolo con ternura.

—¿Quieres pasar la Navidad con nosotros, pequeño amigo? —le susurró.

El ratoncito movió la colita con emoción, y Clara lo recogió con delicadeza, llevándolo adentro. Milo miraba a su alrededor maravillado, sintiendo el calor del hogar y la alegría de estar junto a una familia. Esa noche, Clara le hizo una pequeña camita de algodón junto al árbol de Navidad, donde Milo se acurrucó y se quedó dormido, escuchando las suaves risas y canciones de la familia.

Durante toda la noche, Clara y Milo compartieron la magia de la Navidad. Ella le mostró los regalos, le contó cuentos navideños y le prometió que siempre tendría un hogar con ellos.

Desde aquel día, Milo ya no era un ratón solitario. Encontró en Clara y su familia el hogar que siempre había soñado. Y cada Navidad, él y Clara recordaban aquella Nochebuena en que un ratoncito y una niña encontraron el verdadero significado de la Navidad: la amistad, el amor y la calidez de un hogar compartido.

Milo había encontrado no solo un refugio, sino también una amiga para toda la vida. Y, aunque era un ratón muy pequeño, su corazón estaba lleno de la alegría más grande.

The Little Christmas Mouse

In a large city full of lights and sounds, there lived a little mouse named Milo. Milo was a very small mouse, with bright eyes and a tail that always trembled with excitement. Throughout the year, Milo would hide in corners and search for food in nooks and crannies, dreaming of a warm, cozy home. But at Christmas, his wish grew even stronger.

The city was decorated with lights, and the shop windows sparkled with Christmas ornaments. From the windows of the houses, Milo could see families gathered, laughing and sharing their Christmas Eve dinner. In those moments, his tiny heart longed deeply to belong somewhere.

On the cold Christmas night, as he slid through the shadows of a street, Milo noticed a warm light coming from a little house on the corner. As he peeked inside, he saw a little girl with curly hair and a sweet smile decorating a tree with her family. Milo couldn't help but move a little closer, enchanted by the scene.

The little girl, whose name was Clara, noticed Milo peeking shyly through the window and smiled at him.

"Look, Mom, a little mouse is visiting us!" exclaimed Clara.

Clara's mother came over and smiled warmly.

"He must be cold and hungry," she said softly. "What do you think about preparing some food for him?"

Clara nodded excitedly, and together they prepared a small plate with pieces of cheese, bread, and a crumb of cookie. Then, they opened the door and placed the plate on the doorstep, calling to Milo in a sweet voice.

"Little mouse, you can come. We won't hurt you," said Clara.

Carefully, and hardly believing his luck, Milo approached and tasted the food. The flavor was delicious, but more than that, he felt welcomed and loved. Clara knelt down beside him, looking at him with tenderness.

"Would you like to spend Christmas with us, little friend?" she whispered.

The little mouse wagged his tail with excitement, and Clara gently picked him up, carrying him inside. Milo looked around in awe, feeling the warmth of the home and the joy of being with a family. That night, Clara made a small cotton bed for him next to the Christmas tree, where Milo curled up and fell asleep, listening to the soft laughter and songs of the family.

Throughout the night, Clara and Milo shared the magic of Christmas. She showed him the gifts, told him Christmas stories, and promised that he would always have a home with them.

From that day on, Milo was no longer a lonely mouse. He had found the home he had always dreamed of with Clara and her family. And every Christmas, he and Clara would remember that Christmas Eve when a little mouse and a girl found the true meaning of Christmas: friendship, love, and the warmth of a shared home.

Milo had found not only a shelter but also a friend for life. And though he was a very small mouse, his heart was filled with the greatest joy.